LES
BARRICADES

PAR

CHARLES MARCHAL,

AUTEUR DE: CRI DE MISÈRE, DU PAIN AU PEUPLE, ETC.

SOMMAIRE. — Aux ouvriers. — De quel côté est le droit.—
Les faux et les vrais socialistes.—
Désordre et anarchie. — Les barricades. — Les modérés. —
Le droit et la violence.— La propriété et la famille.—
Les bourgeois et les prolétaires.—
La misére et l'ordre.—
Menace de mort contre le Président de la Répubublique.—
Encore et toujours la dynastie du *National*.

PRIX : 10 c.

LIBRAIRIE,

RUE SAINT—ANDRÉ—DES—ARTS, 39.

1848

IMPRIMERIE DE L'ASSEMBLÉE NATIONALE
A. Henry, rue Gît-le-Cœur, 8.

LES
BARRICADES

AUX OUVRIERS.

I.

Mes amis, je vous aime trop et vous m'avez donné trop de marques de confiance pour que je ne vous dise pas toujours la vérité au risque de vous déplaire ou d'être traîné devant les tribunaux. Dire la vérité au peuple est un devoir, et je n'y faillirai jamais tant que j'aurai la force de manier la plume.

Nous ne voulons du despotisme de personne ; nous sommes toujours prêt à lutter pour ces principes, et dans le mépris de la mort nous puisons le courage de dire la vérité, surtout au peuple que nous aimons. Qu'il y ait danger à dire ce que nous pensons, c'est à quoi nous ne nous arrêtons pas.

Billaut, cet esprit profond, ce grand cœur, ne s'est pas, lui non plus, arrêté à de pauvres considérations. Honneur à lui, —honneur à tous ceux qui, **nourris d'idées intelligentes**, élevés dans de hautes positions aiment les prolétaires.

Ouvriers, mes amis, mes frères, voici mon nouveau cri : plus de barricades !

PLUS DE BARRICADES !

Plus de barricades, — parce que le produit du suffrage universel est respectable.

En présence du suffrage universel, toute tentative réactionnaire en avant ou en arrière, en haut ou en bas aurait tort.

Le droit ne se prescrit pas ; il est éternel comme Dieu, impérissable comme la vérité. Contre le droit il n'y a pas de droit.

Or, de quel côté est le droit ! évidemment du côté du suffrage universel.

C'est donc par le suffrage universel que veulent et doivent arriver ceux qui vous aiment sincèrement, les vrais *scialistes*.

Mais entendons-nous, il y a les faux et les vrais socialistes.

Les faux, les mauvais, sont ceux qui vous trompent, et vous égarent, qui empoisonnent vos âmes des enseignements les plus affreux ; ce sont ceux qui vous promettent un bonheur parfait qui n'existe pas sur la terre, —bonheur d'ailleurs criminel, car, dans leur pensée impie, il est fondé sur le malheur d'une foule de citoyens qu'ils vous désignent comme vos ennemis ; voilà les méchants !

Les vrais socialistes sont ceux qui ne veulent pas ébranler la société dans ses bases, mais la régénérer pacifiquement ; ce sont ceux qui saignent de vos douleurs et travaillent à chercher les moyens applicables, pratiques, de les soulager ; ce sont ceux qui, au lieu d'aigrir la bourgeoisie contre les ouvriers et les ouvriers contre les bourgeois, leur prêchent aux uns et aux autres la FRATERNITÉ,

— sainte doctrine du Christ ; ce sont ceux qui aiment l'ordre, uni au progrès, la paix avec la liberté ; vouloir l'ordre sans le progrès c'est être cruel pour les immenses souffrances des travailleurs. — Vouloir le progrès sans l'ordre, c'est une bêtise ; car le progrès ne peut se développer que dans l'ordre.

Là où il y a désordre, il y a anarchie ; et l'anarchie n'est pas moins un fléau que le despotisme.

Pas de barricades donc ; marchons à la réalisation du bien dans la paix.

La fraternité est féconde ; la guerre est stérile.

J'entends de vagues rumeurs qui m'oppressent et m'affligent. Pourquoi serions-nous divisés ? Contre qui ferions-nous des barricades ? — C'est ce que je demande aux colporteurs de sinistres nouvelles.

Frères ! ceux qui vous exciteront à faire des barricades sont vos plus mortels ennemis ; — aussi vos amis doivent-ils vous dire : *Pas de barricades !* au risque d'être calomniés par les scélérats ; au risque d'être appelés *modérés*.

Eh bien ! oui, il faut être modéré ; c'est par la modération que les vrais socialistes arriveront ; non par la violence et le meurtre. Il faut être modéré pour être ferme, pour être courageux, — car ceux qui n'écoutent que les inspirations de la colère ne sont pas dignes de la liberté.

La violence n'est point un droit : la violence n'est point un argument ; il n'est pas de coup de fusil qui vaille un mot juste, et le bon sens est préférable à la poudre. On a pu quelquefois appeler la violence à l'aide du droit outragé, mais tel n'est pas l'état normal des sociétés. Quand le droit a conquis la force, il doit être humain, chrétien.

Il n'y a que les gens très-forts qui soient très-modérés, et ceux-là seuls ne provoquent aucune lutte qui n'en craignent aucune.

II.

Pourquoi donc des barricades, pourquoi du sang ? ne

sommes-nous pas tous d'accord ? Que sommes-nous ? Dans la sincérité de notre cœur, nous voulons la conservation de la liberté ; l'égalité devant la loi pour tous ; — enfin la fraternité, — ce lien sacré des hommes, destiné à les réunir et à les confondre dans un seul et doux sentiment. Nous voulons que cette trinité sublime gravée par la Providence dans le cœur de tout homme de bien, soit à jamais vénérée dans notre belle patrie, et devienne le chorus universel de toute la France, et un jour du monde entier.

Ce que nous voulons, c'est que l'éducation populaire s'effectue graduellement sur les plus larges bases ; que l'aptitude à tous les emplois en soit la conséquence inévitable, ainsi que la juste récompense ; et que ce peuple généreux dont le bon sens a fait justice de tant d'abus, obtienne enfin le prix de ses glorieux sacrifices.

Nous voulons l'association pacifique et fraternelle du travail et du capital ; —

Nous voulons que le travail assure du pain à tout le monde ; que pas un citoyen laborieux ne meure de faim, faute d'ouvrage ; car mauvaise est la société où manque d'emploi le travailleur valide et bien intentionné ; nous voulons la propriété et la famille, — saintes choses s'il en fût, — accessibles à tous les citoyens par le travail.

Nous voulons un bon gouvernement basé sur le dévouement et la vertu.

Gloire aux hommes de paix et de progrès ! Gloire aux hommes qui, en même temps qu'ils aiment l'ordre, aiment la liberté ! à ceux qui n'excluent personne ; à ceux qui aiment tous leurs frères, qui les appellent tous à eux ; à ceux qui prêchent l'union, la concorde, l'édification de la douce FRATERNITÉ sur les ruines du cruel INDIVIDUALISME !...

Mais pour en arriver là, il faut que le peuple se moralise et s'éclaire ; il faut qu'il apprenne à voter et à discuter, non à se battre.

Chaque barricade élevée est un abaissement pour le bien-être du travailleur.

Chaque citoyen ayant de l'éducation, maltraité par un

citoyen qui n'en a pas, est un recul vers l'affranchissement moral et matériel du prolétaire.

Cette vérité est dure à entendre pour les malheureux façonnés aux guerres civiles par de coupables ambitions ; mais les amis du peuple ont pour premier devoir de lui dire la vérité, et nous n'y manquerons pas. Ce n'est pas à nous, qui avons combattu pour lui, quand il était opprimé, à redouter sa colère ou à le flatter bassement.

D'ailleurs, nous comptons sur sa modération.

La modération ennoblit, la violence dégrade.

Il faut que le peuple soit calme ; il faut que tous ses membres restent unis, quelles que soient les doctrines sociales qui les divisent un moment.

Il faut que le peuple aime et maintienne l'ordre, pour ôter à ses ennemis, à ses détracteurs, tout motif, et, jusqu'à un certain point, le droit de calomnier sa toute puissance.

Les ennemis de la liberté disent qu'elle ne peut s'allier avec l'ordre.

Erreur et mensonge !

Sans liberté, l'ordre n'est que despotisme ; sans ordre, la liberté n'est que licence.

Si, d'un côté, le peuple doit demander des garanties certaines à ceux qui briguent ses suffrages, d'un autre côté, il doit se garder de tout excès.

Qu'il s'instruise, qu'il se façonne à la vie politique.

En s'endormant, il trouverait le tombeau de sa liberté ;

En se montrant violent, il déshonorerait sa victoire, la victoire du suffrage universel sur le privilège électoral.

Du calme donc, mes concitoyens, mes amis, mes frères !

De la dignité de votre maintien dépend le salut du monde, le sort de la patrie bien aimée !

Français ! recueillez-vous en vous-mêmes ; faites-vous

les uns aux autres de mutuelles, de fraternelles concessions.

Bourgeois! n'exploitez pas vos frères pauvres, — aimez-les!

Prolétaires! ne criez pas : *A bas les riches! A bas la propriété! A bas les bourgeois!* parce qu'on crierait demain : *A bas la canaille!* — car on vous fait un crime de votre misère et du manque d'éducation dans lequel on vous a laissés.

Ne violentez personne, n'inquiétez personne, de peur de souiller la majesté de votre souveraineté ; de peur que vos plus ardents défenseurs ne puissent plus élever la voix pour vous et résoudre pacifiquement, selon les lois de l'équité et les sentiments de fraternité, le grand problème de l'extinction du paupérisme.

Je ne puis pas me résoudre à croire que le peuple soit à jamais divisé en deux classes irréconciliables, les bourgeois et les prolétaires. — Mais cela ne peut pas être ; que ces deux classes fassent un pas l'une vers l'autre ; qu'elles se tendent la main au lieu de se haïr, de se faire la guerre.

Ceux qui, au lieu de prêcher cette fraternité, excitent et perpétuent un antagonisme fatal, sont les ennemis de la France, que les guerres civiles tueraient, qu'on le sache bien!

Abdiquons nos vieilles erreurs, nos vieilles haines, soyons pleins d'indulgence les uns pour les autres, pleins d'amour : soyons les apôtres de la paix, et que le cœur qui bat dans notre poitrine soit rempli d'affection pour nos frères. Le sang versé dans tant de révolutions est notre rançon ; désormais, montrons-nous dignes de droits si chèrement conquis par la magnanimité de notre clémence, par la majesté de notre sagesse.

Ayons confiance les uns dans les autres ; ayons confiance tous, sans distinction de positions ; ne nous craignons pas, aimons-nous ; ne nous faisons pas la guerre, unissons-nous.

Unissons-nous pour être forts , ne nous exploitons pas, ne nous violentons pas ; associons-nous , et nous aurons organisé la fraternité évangélique , et nous serons heureux.

Courage donc ! courage , modération et patience !

De toutes les vertus chrétiennes , la plus noble est la patience , c'est le fait des ames supérieures.

Savoir attendre , c'est être fort.

Nous avons attendu l'heure de l'égalité politique , elle a sonné, enfin !

Le temps marche, infatigable et rapide ; l'heure de la fraternité sonnera bientôt !...

III.

Pas de barricades , autrement la confiance , ce premier besoin de l'époque , ne renaîtra pas. La confiance est une conquête après laquelle nous courons depuis plusieurs mois, à pas accélérés, — et il ne faut pas souffrir que rien ne précipite trop, et surtout n'entrave notre marche. Un zèle exagéré peut nous perdre, et rien ne doit être fait sans mûre réflexion,

La confiance ne naît pas de l'enthousiasme , elle ne s'improvise ; elle naît de la raison, du calme, elle s'établit et se propage par les efforts et le concours persévérant de tous les hommes de bien.

Que chacun donc paye son tribut à cette œuvre immense , mais surtout pas de classifications injustes et exclusives qui éloignent et parfois même repoussent ceux du lendemain, qui ont été des hommes de cœur la veille.

C'est remplir un devoir envers le peuple que de protester contre ces désastreuses classifications.

Selon nous, elles parviendraient, tôt ou tard , à enlever à notre Révolution sociale ce caractère éminemment nécessaire de justice, de majesté qui est sa première, son incontestable force.

Là est notre unique, notre véritable souveraineté, comprenons-le bien.

Après l'ordre, qui est dans l'intérêt de tous, l'impartialité est le premier devoir auquel il faut rappeler les masses, et surtout les gouvernants, dans quelque catégorie qu'ils soient, à Paris ou ailleurs.

L'ordre est dans l'intérêt de tout le monde.

Que ceci soit bien entendu, bien compris partout. Alors la France est sauvée; la confiance, c'est-à-dire le crédit, la reprise des affaires sont à jamais assurés, et ceux qui ont des entrailles pour les pauvres peuvent livrer combat à la MISÈRE, ce fléau social qui nous brise, nous déshonore et nous tue.

IV.

Instinctivement, tout le monde aime l'ordre, car tout le monde est régi par cette grande loi qui vient de Dieu. Les astres suivent une route immuable sans jamais se heurter et se confondre; la terre éprouve le même besoin, et la société se range de plein gré sous ce décret suprême! Que deviendrait l'homme si, en s'éveillant, il ne voyait pas se lever le jour qui se lève tous les jours? Que dirait-il si Dieu, le punissant d'un blasphème, le laissait plongé dans le désespoir, c'est-à-dire dans la nuit?

Que diraient de même les hommes si, une révolution passée, l'ordre ne réglait pas la marche de la terre?

L'ébranlement momentané que les révolutions causent à l'ordre apprend que nous avons tous besoin les uns des autres, et qu'à moins d'être tous pauvres, la prospérité d'un pays est dans la richesse! Non la richesse de l'avare qui retient ses capitaux et nuit à la circulation, mais celle du dépenseur large et magnifique qui, semblable à nos fontaines intarissables, donne autant qu'il reçoit.

Cette richesse, dont nous parlons, ce n'est pas un homme, c'est le pays, ou, pour mieux dire, c'est le capital.

Dans une pauvreté générale, on le sent naturellement, le

capital est pauvre, mesquin, avare. La pauvreté, c'est un terrain stérile; la richesse, c'est un sol productif.

L'ordre consiste donc aujourd'hui à reconstruire un capital généreux qui répande ses tresors sur tous et sur chacun.

Le gouvernement de tous, plus qu'aucun mode de gouvernement est fait pour reconquérir la richesse et la prospérité : son cours étant plus large, il jette l'abondance et la fertilité sur toutes les parties du sol.

Si un monde peut avoir des riches, il lui est défendu d'avoir des pauvres, surtout si *pauvres* veut dire souffreteux et misérables. Tous les hommes doivent être heureux, chacun selon sa position, et, dans une République où l'éducation est due à tous, l'homme peut, selon son aptitude et sa capacité, choisir sa position.

Le travailleur qui, surtout lui, aime l'ordre, veut du travail. Il veut un travail chrétien ; ce travail justement rétribué et justement compté, qui lui permet d'élever sa famille et de jouir honnêtement de son repos et de son loisir.

L'artiste veut l'ordre aussi ; car, pour concevoir des œuvres, il lui faut un gouvernement si bien établi, qu'il n'ait pas besoin de s'en occuper ! Il ne commence pas par penser à l'argent, mais il lui vient naturellement par la réputation et la gloire.

Le riche aime l'ordre aussi : si ce n'est pas pour travailler, c'est pour consommer et pour jouir ; c'est surtout lui qui a besoin de l'ordre, car il a besoin de tout le monde.

Je demande ce que serait le riche sans le travailleur, sans l'artiste. A coup sûr, il serait le plus malheureux et le plus pauvre, puisque sa fortune ne lui servirait plus à payer les plaisirs qui lui viennent des travailleurs et des artistes.

Dieu a créé l'ordre, c'est aux hommes à le conserver, car avec lui, on fonde, on établit et on perfectionne

A quoi aboutirait une révolution qui changerait la

forme de la société à chaque instant et à chaque heure ?

Une route nouvelle s'ouvre pour nous; entrons-y calmes et souriants !

Ne perdons pas nos forces inutilement, de façon que nous arrivions affaiblis au moment où il faudra édifier et construire !

L'opposition peut être bonne quand un gouvernement est l'ennemi de la nation ; mais quand cette nation elle-même est le Gouvernement, quelle figure prend l'opposition? quel est son rôle ?

Elle trouble l'esprit des peuples, elle ébranle la confiance des mondes, elle fait douter d'elle la conscience publique elle-même !

Il faut se garder, par l'opposition, de susciter le désordre; de jouer le rôle de la nuit troublant le jour de son voile funèbre.

Quand le gouvernement que l'on a choisi est établi, le devoir de tout citoyen est de conseiller et non de condamner.

L'opposition, dans les moments de crise, ressemble au désordre.

Qui donc doit rassurer l'ouvrier, l'artiste et le marchand? n'est-ce pas celui qui parle et qui écrit? Le papier-monnaie de la presse ne devrait-il pas être la parole de confiance et de paix ?

Serrons nos rangs pour l'union et la force! pas de pronostics incendiaires et irritants ! Préparons nos cœurs à l'enthousiasme et au bonheur.

Que ceux qui ont intérêt à nos dissensions et à nos troubles s'humilient devant notre force et notre sagesse.

Montrons à nos ennemis que l'éducation politique de la France était préparée par les esprits et les cœurs; qu'ils voient tous que nous sommes une nation bénie, et que nous soyons vengés de leurs mauvais souhaits par le dépit que leur causeront bientôt notre grandeur et notre majesté.

L'ordre, c'est le vœu que chacun exprime, c'est la prière

qui monte au ciel soir et matin, et que le bon peuple mêle
à ses chants patriotiques et religieux !

Ce n'est pas le riche qui, plus que les autres, fait entendre cette parole touchante ; non, ce n'est pas le riche,
c'est le travailleur ! c'est l'artisan, c'est l'ouvrier ! Et
chose plus étonnante, c'est encore le nécessiteux, c'est le
pauvre !

« Pourvu que tout se passe bien, disait une vieille
femme dont le petit commerce consistait en un pauvre
éventaire garni de sucre d'orge à deux liards et à un sou...

« Qu'est-ce que nous deviendrons, si les braves gens
ne l'emportent pas ?

Comme on le voit, jusqu'au plus humble, tout le monde
aime l'ordre.

V.

« Si le **Président de la République** ne nous convient pas,
« nous le tuerons. »

On accuse plusieurs citoyens d'avoir tenu ce propos
odieux.

Rien ne serait plus lâche, rien ne serait plus attentatoire
au suffrage universel que de commettre un attentat contre
la personne du Président quel qu'il soit, — se serait un
outrage fait au pays, — sans compter l'horreur d'un
meurtre, crime qu'aucune circonstance ne peut excuser.

Je suis d'autant plus à l'aise en parlant sur cette ques-
tion, que je ne voulais pas de Président dans la République.

Je ne voulais pas de Président, non-seulement parce
que le *National*, qui a envahi toutes les places en vou-
lait, — mais parce qu'un Président nommé par la
nation, à côté, en face d'une chambre nommée par la
nation, c'était créer un antagonisme fâcheux, — un antagonisme inévitable, autant que déplorable et fatal..

J'aurais voulu, au lieu d'un Président de la République
nommé par le Peuple, un Président de cabinet nommé

par l'Assemblée, révocable par elle et chargé de nommer le ministère.

Mais je n'ai pas l'habitude de récriminer ; j'accepte bravement les nécessités. Et je me dis, je vous dis :

Puisqu'il faut nommer un Président de la République, choisissons le plus digne ; — et quel que soit le nom sur lequel se sera arrêté la majorité de nos concitoyens, — inclinons-nous. Ceux-là donc qui essayeraient d'attenter à ses jours se rendraient coupables d'un forfait inexcusable dont toute la nation, avant Dieu, leur demanderait compte.

Tuer le Président élu par la nation ! Ah ! vous ne savez pas quel coup funeste cela porterait à la gloire, à la force, au repos de la patrie.

Si hostile qu'on soit à celui qui sera nommé, on doit respecter sa personne, car si l'on ne s'incline pas devant la volonté de tous, qu'est-ce qu'on aura de sacré ?

D'ailleurs, le pays veut marcher dans une voie de liberté large et puissante, sans secousses violentes, c'est-à-dire que toutes les réformes s'opèreront sans ébranler l'ordre social et en respectant l'indépendance *de tous*.

Je termine.

Que des désappointements ou des rancunes déraisonnables ne viennent pas jeter à travers le présent et surtout l'avenir de sinistres prévisions que rien sans doute ne justifiera.

Pas de barricades.

1er Décembre 1848.

CHARLES MARCHAL.

TRAITÉ

DE PEINTURE

CONTENANT

LES DESSINS LINÉAIRE ET PITTORESQUE;
ÉTUDE DE LA PERSPECTIVE; PEINTURES EN MINIATURE,
A FRESQUE, A L'HUILE, SUR VERRE,
PORCELAINE, ÉMAIL, BOIS, PIERRES, MÉTAUX ET ÉTOFFES;
DU LAVIS, DE L'AQUARELLE, ETC.

PRÉCÉDÉ

D'UNE HISTOIRE, ET SUIVI D'UNE BIOGRAPHIE DES PLUS CÉLÈBRES
PEINTRES ET D'UN VOCABULAIRE DES TERMES TECHNIQUES,

PAR M. DELÉCLUSE,

AUTEUR DES ARTICLES BEAUX-ARTS DU *Journal des Débats*, ETC.

Tout est proportion.

1 VOLUME IN-8, PRIX : 1 FR. 50 C.

DU PAIN
AU PEUPLE

PAR

CHARLES MARCHAL,

Auteur du CRI DE MISÈRE, etc.

SOMMAIRE. — Ruine générale. — La misère, l'hôpital et la mort.
— Histoire d'un membre du Gouvernement de la République
et de deux citoyennes *provisoires.*
— La femme morte et l'enfant mort de faim. —
Le marquis Pagnerre. —
Sa majesté Marrast et sa majesté Louis XIV. —
Le Peuple trompé. — Les charlatans politiques.
La dynastie du *National.* —
Les hommes d'argent et les imbéciles au Pouvoir. —
Les reines du Luxembourg. —
Le parleur de FRATERNITÉ. —
Ceux qui mangent et ceux qui ne mangent pas. —
La famille et la propriété. —
Les malhonnêtes gens de la veille, et les fripons du lendemain.
60 millions de rente à l'État ; 50 mille familles enrichies.

PRIX : 25 C